Trainingsplan zur Mobilitäts- und Beweglichkeitsförderung

Nico Schulze

Bibliografische Information der Deutschen Nationalbibliothek:

Die Deutsche Nationalbibliothek verzeichnet diese Publikation in der Deutschen Nationalbibliografie; detaillierte bibliografische Daten sind im Internet über http://dnb.d-nb.de abrufbar.

ISBN: 9783346871831
Dieses Buch ist auch als E-Book erhältlich.

© GRIN Publishing GmbH
Trappentreustraße 1
80339 München

Druck und Bindung: Books on Demand GmbH, Norderstedt Germany
Gedruckt auf säurefreiem Papier aus verantwortungsvollen Quellen

Das Buch bei GRIN: https://www.grin.com/document/1356088

Deutsche Hochschule für
Prävention und Gesundheitsmanagement
Hermann-Neuberger-Sportschule 3
66123 Saarbrücken

Hausarbeit

Name, Vorname	**Schulze,Nico**
Studiengang	**BSÖ**
Studienmodul	**Trainingslehre 3**
Datum Präsenzphase (siehe Ergebnisdokumentation)	**13.02.2023 – 15.02.2023**

Inhaltsverzeichnis

1 Personendaten

Einleitend werden die allgemeinen und biometrischen Daten sowie der allgemeine gesundheitliche Zustand des Probanten erfasst. Diese Daten werden benötigt um einen zielführenden Trainingsplan für den Probanten zu erstellen und so mögliche Problematiken oder Risiken zu vermeiden.

1.1 Allgemeine und biometrische Daten

Tabelle 1: allgemeine Daten (eigene Darstellung)

Alter	35
Geschlecht	Männlich
Körpergröße	182 cm
Körpergewicht	99kg
Trainingsmotive	Gewichtsreduktion und Gesundheitsprävention
Berufliche Tätigkeit	Berufskraftfahrer
Frühere Sportliche Aktivität	3 mal die Woche Fußballtraining je 1,5 Stunden, dazu alle 2 Wochen ein 90 Minütiges Spiel
Aktuelle Sportliche Aktivität	Es wird kein Sport ausgeübt
Zeitlicher Verfügungsrahmen	3 mal die Woche je 1,5 Stunden

Tabelle 2: biometrische Daten (eigene Darstellung)

Orthopädische Probleme	keine
Internistische Probleme	keine
Ärztliche Behandlung	Derzeit in keiner ärztlichen Behandlung
Einnahme von Medikamenten	Es findet keine Einnhame von Medikamenten statt
Sonstige ärztliche Behandlung	keine
Blutdruckmessung	138mmHg/87mmHg

Es folgt ein Vergleich der Blutdruckwerte des Probanden mit den Normwerten und deren Einordnung.

Tabelle 3: Einteilung der Blutdruck-Werte laut WHO (eigene Darstellung)

	Systolisch (mmHg)	Diastolisch (mmHg)
Optimal	<120	<80
normal	120-129	80-84
hochnormal	130-139	85-89
Hypertonie Grad 1	140-159	90-99
Hypertonie Grad 2	160-179	100-109
Hypertonie Grad 3	>=180	>=110

Mit einem Wert von 138mmHg/87mmHg liegt der Proband am oberen Richtwert zum hochnormalen Blutdruck. Dies sollte in der Traininghsplanung berücksichtigt werden.

Tabelle 2: biometrische Daten (eigene Darstellung)

BMI (mit der Formel Gewicht (kg) : Größe^2)	Gemessener Wert 29,9
	Es folgt ein Vergleich der BMI-Werte des Probanden mit den Normwerten und deren Einordnung.

Tabelle 4: Klassifikation des BMI nach der WHO (eigene Darstellung)

Klasse	BMI-Wert	Risiko für Begleiterkrankungen
Untergewicht	<18,5	Gering
Normalgewicht	18,5 – 24,99	Durhschnitlich
Übergewicht	25,0 – 29,99	Gering erhöht
Adipös Grad 1	30,0 – 34,99	Erhöht
Adipös Grad 2	35,0 – 39,99	Hoch
Adipös Grad 3	>40,0	Sehr hoch

Mit einem BMI-Wert von 29,9 liegt der Proband auch hier an der oberen Grenze zur Adipostias Grad 1. Somit besteht ein erhöhtes Risiko für Belgeiterscheinung. Dies sollte in der Trainingsplanung berücksichtigt werden.

Grundsätzlich kann der Proband als belastbar eingestuft werden, da keine weitreichenden Erkrankungen oder Problematiken festgestellt werden konnten.

2 Trainingsplanung Beweglichkeitstraining

2.1 Übungsauswahl und Dehnmethoden Beweglichkeitstraining

Tabelle 5: Trainingsplan Beweglichtkeitstraining (eigene Darstellung)

Übungsausführung	Dehnmethode	Zielmuskulatur
- schulterbreiter Stand - der Blick ist nach vorn - Den Kopf neigen - die zur Kopfneigung gegenüberliegende Schulter wird aktiv heruntergezogen - passive Dehnposition freie Hand den Kopf in Richtung Halswirbelsäulenlateralflexion ziehen	Dehnform: passiv Arbeitsweise: statisch	M. trapezius bars descendens
- schulterbreiter Stand - Arm wird auf Schulterhöhe vor dem Körper ausgestreckt, Ellenbogengelenk gebeugt und über der anderen Schulter platziert - Dehnposition wird eingenommen: die freie Hand am Ellenbogen des gebeugten Arms mit der Handinnenseite - Druck auf den Arm auswirken - Oberkörper fixiert, Blick nach vorne gerichtet - Die Dehnposition wird im Wechsel eingenommen, indem der Druck erhöht und wieder etwas gelöst wird.	Dehnform: aktiv oder passiv Arbeitsweise: dynamisch	M. deltoideus pars spinata M. trapezius pars transversa Mm. rhomboidei
- Vierfüßlerstand (Schultern über Handgelenken, Hüfte über Knie). - Dehnposition: die antagonistische Muskulatur (in diesem Falle die Bauchmuskulatur) anspannen Rücken nach oben wölben - Kinn nah am Körper	Dehnform: aktiv Arbeitsweise statisch	M. erector spinae

Tabelle 5: Trainingsplan Beweglichkeitstraining (eigene Darstellung)

	Dehnform: aktiv	M. quardiceps femoris
- Seitenlage auf einer Matte - Ein Arm in Verlängerung des Körpers durchgestreckt auf dem Boden, Kopf darauf ruhend - Der Blick ist nach vorne - Oberes Bein wird gebeugt und mit dem oberen Arm, oberhalb des Sprunggelenks gehalten - Bein wird maximal herangezogen - Dehnposition: antagonistische Muskulatur anspannen (M. glutaeus) - die Hüfte aktiv nach vorne schieben und anschließend wieder etwas lösen - Bewegung im Wechsel ausführen	Arbeitsweise: dynamisch	
- hüftbreiter Stand - zu dehnendes Bein wird ca.1,5 Fußslängen weiter vorne aufgesetzt - Kniegelenk des zu dehnenden Beines maximal strecken - Hüfte kippt leicht nach hinten - Oberkörper nach vorne beugen - zeitgleich: mit Kniegelenk des nicht zu dehnenden Beines eine Flexion durchführen und der Fuß bleibt vollständig auf dem Boden. - Beide Oberschenkel befinden sich nebeneinander auf einer Höhe. - Die Arme sind vor dem Oberkörper verschränkt	Dehnform: passiv Arbeitsweise: statisch	Mm. ischiocruales

- Dehnposition: durch die Schwerkraft des Oberkörpers gehalten - Anschließend wird die Mm. ischiocrurales kontrahiert, Fuß fest in den Boden drücken		

Tabelle 5: Trainingsplan Beweglichkeitstraining (eigene Darstellung)

- Bein danach entspannen und anschließend die passive (maximale) Dehnposition einnehmen		
- Rückenlage - Blick ist senkrecht nach oben - Bein wird mit gebeugtem Kniegelenk auf der Matte platziert - das andere Bein in der Hüfte nach außen rotiert auf das Stützbein ablegen - außenrotierte Bein wird auf Höhe des Fußgelenkes ablegen - Dehnposition: das Stützbein mit beiden Armen an der Oberschenkelrückseite greifen und zum Oberkörper anziehen - Unterschenkel des Stützbeins bleibt entspannt	Dehnform: passiv Arebistweise : statisch	M. glutaeus maximus M. glutaeus medius M. glutaeus minimus
- hüftbreiten Kniestand - Oberkörper ist aufrecht - Blick nach vorne - Bein wird weit nach vorne auf dem Boden aufgesetzt (Kniegelenk mit dem oberen Sprunggelenk bildet eine gerade Achse) - Beide Arme mit gebeugtem Ellenbogengelenk auf vorderen Oberschenkel - Handflächeninnenseiten liegen dem Oberschenkel auf	Dehnform: aktiv Arbeitsweise: statisch	M. iliopsoas M. rectus femoris

- Dehnposition: Hüfte aktiv nach vorne drücken und dort halten		
- schulterbreiter Stand - Hände hinter dem Körper verschränken - Arme gestreckt - Handflächen zeigen nach innen - Dehnposition: Arme aktiv nach oben heben und wieder Senken (im Wechsel)	Dehnform: aktiv Arebitsweise: dynamisch	M. pectoralis major M. biceps brachii M. deltoideus pars claviclaris

Tabelle 5: Trainingsplan Beweglichtkeitstraining (eigene Darstellung)

- Schulterbreiter Stand - Hände auf Schulterhöhe vor Körper strecken - Dann verschränken - Dehnposition: Arme aktiv nach vorne strecken - Schulterblätter von der Wirbelsäule lösen	Dehnform: aktiv Arbeitsweise: statisch	M. trapezius Mm. rhomboidei
- Sitzen auf dem Boden - Oberkörper aufrecht - Füße zum Körper ziehen (Fußinnenseiten zeigen zu einander) - Hände halten Beine fest - Ellenbogen geben Druck auf die Oberschenkel - Dehnpostion einnehmen - Darauf zu dehnenede Muskulatur anspannen (Oberschenkel gegen die Ellenbogen drücken) - Danach mit dem Ellebogen die Oberschenkel passiv nach unten drücken (bis zur Dehngrenze)	Dehnform: passiv Arbeitsweise: postisometrisch	Hüftgelenkadduktoren

2.2 Belastungsgefüge Beweglichkeitstraining

Tabelle 6: Belastungsparameter Beweglichtkeitstraining (eigene Darstellung)

Trainingshäufigkeit pro Woche	3-mal pro Woche
Sätze pro Woche	10 Übungen je 3 Sätze
Dehndauer	15 Wdhl./ 45-60 Sekunden

Intensität	Dehngrenze

2.3 Begründung zur Trainingsplanung für das Beweglichkeitstraining

Mittels der allgemeinen und biometrischen Daten wurde ein individueller Trainingsplan mit verschiedenen Übungen erstellt. Durch die zehn Übungen werden Schultergürtel mit oberen Extremitäten, Wirbelsäule und Beckengürtel mit unteren Extremitäten abgedeckt. Indem Satzanzahlen der bestimmten Mukselgruppe erhöht oder die Dehnmethode angepasst wurde, konnte auf spezifische Vorlieben im Training eingegangen werden.

Krafttraining an Geräten über die vollständige Bewegungsamplitude verbessert die Beweglichkeit deutlich (Massey & Chaudet, 1956; Wickstrom 1963). Somit ist es sinnvoll, den Körper mittels der Übungen auf das Training an Geräten vorzubereiten um das Training effektiver zu gestalten.

3 Trainingsplanung Koordinationstraining

3.1 Übungsauswahl Koordiantionstraining

Tabelle 7: Trainigsplan Koordinationstraining (eigene Darstellung)

Nummer	Übung	Übungsausführung	Hilfsmittel
1	Einbeinstand, Verlagerung des Körperschwerpunktes	Ausgangsposition 1: -Hüftbreiter Stand -Oberkörper gerade, Blick nach vorn - Knie leicht gebeugt Bein wird druch Flexion im Knie- und Hüftgelenk angehoben Körpergewicht wird während der Übungsausführung in verschiedene Richtungen verlagert	keine
2	Einbeinstand, schwingen des jeweiligen Beines	- Start in der Ausgangsposistion 1 - Bein mittels Flexion im Knie- und Hüftgelenk leicht anheben	keine

		- Das angehobene Bein leicht vor- und zurückschwingen	
3	Einbeinstand, Ball kreist um den Rumpf	- Start in der Ausgangsposistion 1	Kleiner Ball (zb. Tennisball)

Tabelle 7: Trainigsplan Koordinationstraining (eigene Darstellung)

4	Einbeinstand, schwingen des jeweiligen Beines - Augen sind geschlossen	- Start in der Ausgangsposistion 1 - Übung Nr.2 ausführen, bei der Übung selbst die Augen schließen	keine
5	Beidbeinige Standstabilisation, Therapiekreisel	Ausgangspostion 2: - Beide Beine auf einem Therapiekreisel - Füße mittig Kopf in Verlänergung der Wirbelsäule - Beine angespannt - Leichte Beugung im Kniegelenk - Position statisch halten	Therapiekreisel
6	Beidbeinige Standstabilisation, Therapiekreisel	- Start in Ausgangsposition 2 - Verlagerung des Körperschwerpunktes in verschiedene Richtungen	Therapiekreisel

Tabelle 7: Trainigsplan Koordinationstraining (eigene Darstellung)

7	Beidbeinige Standstabilisation, Therapiekreisel und Trainingspartner	- Start in Ausgangsposition 2 - Trainingspartner führt während der Übungsausführung impulsartige Störaktionen beim Probanden aus	Therapiekreisel Trainingspartner
8	Einbeinstand, Therapiekreisel	- Einbeinstand auf dem Therapiekreisel - Standbein leicht angewinkelt - Kopf als Verlängerung der Wirbelsäule - Übungs wird gehalten	Therapiekreisel

Tabelle 7: Trainigsplan Koordinationstraining (eigene Darstellung)

9	Einbeinstand, Therapiekreisel mit Hüftflexion	- Einbeinstand auf dem Therapiekreisel	Therapiekreisel

		- Freies Bein um 90° im Hüft- sowie Kniegelenk beugen und wieder absenken - Abwechselnd bei jeder Seite durch führen	
10	Einbeinstand, Therapiekreisel und Trainingspartner	- Einbeinstand auf dem Therapiekreisel - Standbein leicht angewinkelt - Kopf als Verlängerung der Wirbelsäule - Trainingspartner führt während der Übungsausführung impulsartige Störaktionen beim Probanden aus	Therapiekreisel Trainingspartner

3.2 Belastungsgefüge Koordinationstraining

Tabelle 8: Belastungsparamter Koordinationstraining (eigene Darstellung)

Trainingshäufigkeit pro Woche	3
Sätze pro Übung	10 Übungen je 3 Sätze
Satzpausen	45 Sekunden
Belastungsdauer	20 Sekunden (statisch Halten) 8 – 12 Wiederholungen (dynamisch)

3.3 Begründung zur Trainingsplanung für das Koordinationstraining

Koordination nimmt eine zentrale Rolle im Aufbau der motorischen Fähigkeiten Kraft, Ausdauer, Beweglichkeit und Schnelligkeit ein. Bei einem Koordinationstraining werden somit alle motorischen Fähigkeiten verbunden und im aufgeführten Trainingsplan gemeinsam trainiert. Die Koordination wird in intra- und intermuskuläre Koordination unterteilt.

Im Aufbau der motorischen Fähigkeiten (Kraft, Ausdauer, Beweglichkeit und Schnelligkeit) spielt die Koordination die zentrale Rolle. Im Trainingsplan werden somit alle motorischen Fähigkeiten angesteuert. Dies sollte dem Probanden unter anderem helfen seine Ziele (Gewichtsreduktion und Verletzungsprävention) zu erreichen. Grundsätzlich wird die Koordination in inter- sowie intramuskulärer Koordinattion unterteilt.

Intramuskuläre Koordination – Zusammenspiel zwischen Nerv und Muskelfaser innerhalb eines Muskels bei einem Bewegungsablauf (Chwilkowski, 2006); die intermuskuläre Koordination bezeichnet Zusammenwirken verschiedener Muskeln bei einem Bewegungsablauf (Chwilkoski, 2006)

Die im Training aufgeführten Übungen umfassen alle Teile der Koordination. Propriozeption, welche die Gleichgewichtsfähigkeit sowie die Anpassungs- und Reaktionsfähigkeit umfasst (Häfelinger & Schuba, 2007). Der Proband wird langsam an den steigenden Schwierigkeitsgrad der Übungen rangeführt, da es das erste Training dieser Art für den Probanden ist.

4 Literaturrecherche

Tabelle 9: „Effects of dynamic stretching when combined with sports specific activity on jump performance in basketball players" (eigene Darstellung)

Titel	„Effects of dynamic stretching when combined with sports specific activity on jump performance in basketball players"
Autoren	G. Saraswate, G. Bhalero, A. K. Shym., P. Sancheti
Erscheinungsjahr	2018
Frage	Wie sind die Effekte von dynamischen Dehnübungen auf die Sprungleistung von

	Basketballspielern vor und nach einer Baketballspezifischen Trainingseinheit ?
Probanden	-40 Probanden zwischen 15 und 25 Jahre (Durchschnittlich 20,72 Jahre) alt -Mehr als 2 Jahre aktiv im Basketballsport -Keine Vorverletzungen bei den Probanden
Methodik	Zu Beginn wurde von allen Spielern ein allgemeines Aufwärmprogramm bestehend aus 10 Minuten joggen abgeschlossen. Daraufhin wurde eine Vertikalsprungtestung durchgeführt und im Anschluss wurde ein dynamisches Dehnprogramm durchgeführt, danach wurde wieder die vertikale Sprungleistung gemessen. Zum Ende haben alle Probanden eine 10-Minütige Wurfserie und dazu dann eine 5-Minütige Sprinteinheit absolviert. Auch hier wurde im Anschluss die Sprungleistung wieder geteset
Ergebnisse	-signifikante Steigerung der vertiklen Spurngleistung unmittelbar nach der Dehneinheit - von 41,9cm +/- 2,3cm auf 44,06cm +/- 2,29cm (p<0,0001) -keine signifikanten Änderungen nach der Basketballeinheit (10 Min. Wurfserie + 5 Min. Sprineinheit) - 44,37cm +/- 2,32cm (p= 0,053)

Tabelle 9: „Effects of dynamic stretching when combined with sports specific activity on jump performance in basketball players" (eigene Darstellung)

Schlussfolgerung	Sprungleistung verbessert sich nach dynamischen Dehneneinheiten und kann auch nach einer spezifischen Basketballeinheit aufrechterhalten werden.

Tabelle 10: Bewegungsreichweite, Zugkraft und Muskelaktivität bei eigen- bzw. fremdregulierter Dehnung (eigene Darstellung)

Titel	„Bewegungsreichweite, Zugkraft und Muskelaktivität bei eigen- bzw. fremdregulierter Dehnung"
Autoren	S. Glück, M. Schwarz, U. Hoffmann, G. Wydra
Erscheinungsjahr	2002
Frage	Unterschiede zwischen direkter und indirekter Eigendehnung, sowie der indirekten Fremddehnung auf Hinblick auf die mittlere Ausprägung der Bewegungsreichweite, Zugkraft und Muskelaktivität

Probanden	Es nahmen 27 Sportstudenten teil, davon waren 16 Männer und 11 Frauen. Ausgeschlossen wurden Studenten deren Sportart eine überdurchschnittliche Beweglichkeit erfordern (z.b.: Turnen, Akrobatik).
Methodik	Die Probanden wurden mittels Zufallsverfahren in drei unterschiedliche Gruppen unterteilt und es fand eine Überprüfung der ischiocruralen Muskulatur durch drei standardisierte Tests in randomisierter Reihenfolge ab. Der Testzeitraum betrug 5 Wochen. Test 1: - direkte Eigendehnung (DE) durch selbständiges Dehnen mittels Seilzug Test 2: - indirekte Eigendehnung (IE) mittels selbständiges Bedienen eines Elektromotors Test 3: - Durch Testleiter gesteuerte indirekte Fremddehung (IF), mittels Elektromotors Folgende Parameter wurden bei jeder Einzelmessung festgehalten: - Maximale Bewegungsreichweite an der Schmerzgrenze (BR/max) - Zugkraft bei konstantem Winkel der jeweils ersten BR/max und maximal tolerierte Zugkraft in maximaler Dehnposition

Tabelle 10: Bewegungsreichweite, Zugkraft und Muskelaktivität bei eigen- bzw. fremdregulierter Dehnung (eigene Darstellung)

Ergebnisse	Es konnten signifikante Unterschiede in den Gruppen festgestellt werden: - Direkte Eigendehung $110 \pm 12,5$ - Indirekte Eigendehnung $105,7 \pm 12,2$ - Indirekte Fremddehung $105,4 \pm 12,2$

	Das zeigt, dass der Durchschnitt des BR/max bei der DE 5% höher als bei der IE sowie bei der IF
Schlussfolgerung	Daraus lässt sich schließen, dass die direkte Eigendehung vorteilhafter ist, da sie zu einem weniger Zugkräfte und Muskelaktivität aufweißt, zum anderen aber auch in der Praxis praktikabler ist.

5 Literaturverzeichnis

Chewilkowski, C. (2006). *Medizinische Koordinationstraining – Verbesserung der Haltungs und Bewegungskoordination durch Propriozeption* (2.Aufl.) Köln Deutscher Trainer Verlag

Glück, S., Schwarz, M., Hoffmann, U. & Wydra G. (2002). *Bewegungsreichweite, Zugkraft und Muskelaktivität bei eigen- bzw. fremdregulierter Dehnung.* Deutsche Zeitschrift für Sportmedizin, 53 (3),66-71

Häfelinger, U. % Schuba, V. (2007). *Koordinationsanalyse – propriozeptives Training* (3. Aufl.). Aachen: Meyer & Meyer

Massey, B. A. & Chaudet, N. L. (1956). *Effects of systematic, heavy resistance exercise on range of movement in young adults.* Resarch Quarterly for Exercise and Sport, 27, 41-51.

Saraswate, G., Bhalero, G., Shyam, A. K., Sancheti, P. (2018). *Effects of dynamic stretching when combined with sports specific activity on jump performance in basketball players.* International Journal of Physiotherapy and Research 6(3), 2696-2700.

6 Tabellenverzeichnis